부력은 물이나 공기가
물체를 밀어 올리는
힘을 말해.

글 임유진

출판사에서 어린이책을 만들었습니다.
두 아이와 함께 여러 가지 장난감을 물 위에 동동 띄우고,
물을 담아 가라앉히기도 했습니다. 신기한 부력의 원리를 눈으로
직접 확인해 보며 글을 썼습니다.
그동안 지은 책으로는 허승회 선생님과 같이 쓴
<플라스틱 공장에 놀러 오세요>, <고무랑 놀자>, <유리만 한 것도 없을걸>,
<금속은 어디에>, <나무는 꼭 필요해> 등이 있습니다.

그림 윤진현

대학에서 일러스트레이션을 공부했습니다.
이 책에 그림을 그리는 동안 빈 페트병을 물 위에 동동 띄워 보면서
즐겁게 작업했습니다.
쓰고 그린 책으로는 <내가 왕이야!>, <내 마음을 보여줄까?>,
<고릴라 할머니>가 있고, 그린 책으로는 <만화로 보는 지식 교과서 과학 인물>,
<보글보글 마법의 과학책>, <떴다! 지식 탐험대 - 식물>,
<보람이의 무지개떡> 등이 있습니다.

감수 박용남

고려대학교 화학과를 졸업하고 미국 미주리대학교에서
화학박사 학위를 받았습니다. 현재는 한국교원대학교
화학교육과 교수를 맡고 있습니다.
그동안 과학고등학교 화학교과서, 화학실험서 등을 썼으며,
화학 전문 학술지에 논문 50여 편을 발표하였습니다.

물체와 물질 · 부력 22 물속으로 꼬르륵

임유진 글 · 윤진현 그림 · 편집부 재구성 · 박용남 감수
펴낸곳 (주)아람키즈 | 펴낸이 이소영 | 주소 서울특별시 성동구 성수이로 147, 아이에스비즈타워 2F
고객센터 1644-4521 | 팩스 02-468-5548 | 홈페이지 www.aramkids.co.kr | 출판등록 제2020-000011호
기획 · 편집 · 디자인 (주)아람키즈 하늘땅
ISBN 979-11-6543-531-8 979-11-6543-574-5(세트)

물속으로 꼬르륵

임유진 글 · 윤진현 그림 · 박용남 감수

아람키즈

야호!
바다다, 바다야!

"야호, 바다다!"
미소는 바닷가에 도착하자마자
제일 먼저 바다로 달려갔어.
미소는 바다를 정말 좋아하거든.

미소는 아주 특별한 것을 가져왔어.
모래성을 만들 수 있는 모래놀이 세트!
조물조물 **고무찰흙***!
바닷가에 오면 정말 할 게 많아.

푹푹
푹푹

미소가 삽을 들고 모래를 폭폭!
누리도 달려와 모래를 푹푹!
"깊게 깊게 폭폭 파자."
"넓게 넓게 푹푹 파자."
어느새 미소와 누리는 커다란 물웅덩이를 만들었어.

미소는 조물조물 고무찰흙으로
넓적한 배를 만들었어.
"우아, 찰흙 배가 동동 뜬다!"

누리도 빈 페트병을 물에 띄웠어.

“와, 페트병 배도 둥둥 뜬다!”

"찰흙 배를 공으로 만들면
어떻게 될까?"
미소는 찰흙 배를 둥글게 뭉쳐
찰흙 공을 만들었어.
그런데 찰흙 공이 물속으로 꼬르륵.
"헤헤, 찰흙 배는 동동,
찰흙 공은 꼬르륵."

누리는 페트병 배에 물을 가득 채웠어.
무거운 페트병 배도 꼬로로록.
"히히, 빈 페트병 배는 둥둥,
무거운 페트병 배는 꼬로로록."
"페트병 **잠수함***이 되었어!"

"또 물에 뜨는 게 뭐가 있을까?"
누리가 일어나서 두리번거렸어.
"찾았다, 바람 빠진 공!"
누리는 보물이라도 발견한 듯 폴짝폴짝 뛰었어.

"푸우, 푸우."

누리는 얼굴이 시뻘게지도록 힘껏 바람을 불었어.

공은 동글동글 빵빵해졌지.

"미소야, 잘 보라고."

누리는 공을 들고 으쓱거렸어.

공기가 가득하면 물 위에 둥둥

누리의 빵빵한 공이 물에 동동 떴어.
도넛처럼 생긴 튜브도 물에 둥둥 떴지.
"공에도 공기가 가득, 튜브에도 공기가 가득.
공기가 가득하면 물 위에 둥둥!"
미소는 신이 나서 노래를 불렀어.

미소가 동동

"우리 몸도 물 위에서 뜰 수 있을까?"

미소와 누리는 있는 힘껏 숨을 들이마시고
몸을 쭉 폈어.

"우아, 우리 몸도 뜬다."

이번에는 몸을 동그랗게 웅크렸어.

그랬더니 찰흙 공처럼 물속으로 꼬르륵,
무거운 페트병 배처럼 물속으로 꼬로로록
가라앉았지.

바다 위를 둥둥

"나는 **돌고래***를 타고 바다 위를 둥둥 떠다닐 거야."

"나는 물속으로 꼬르륵 들어가 불가사리*를 잡을 거야."

미소와 누리는 시간 가는 줄 모르고 신나게 놀았어.

집으로 돌아가는 길이야.

누리는 아직도 신이 나서 큰 목소리로 떠들었어.

"다음에는 공룡 튜브를 가져와야지. 너도 빌려줄까?"

"그래, 좋아."

미소는 누리와 또 놀러 올 생각에 벌써부터 마음이 설레었어.

"바다야, 그때까지 안녕!"

샛별 어린이집

왜 둥둥 뜰까?

바다에는 배가 떠 있고, 하늘에는 열기구가 떠 있어요. 모두 부력 때문이지요. 부력은 무엇이고, 어떻게 생기는지 자세히 알아보아요.

부력이 뭘까?

물이나 공기가 물체를 밀어 올리는 힘을 '부력'이라고 해요. 배가 물에 뜨는 이유는 중력과 부력이 맞서기 때문이에요. 다시 말해 위에서 아래로 끌어당기는 힘과, 아래에서 위로 밀어 올리는 힘이 맞서서 배가 뜨는 것이지요.

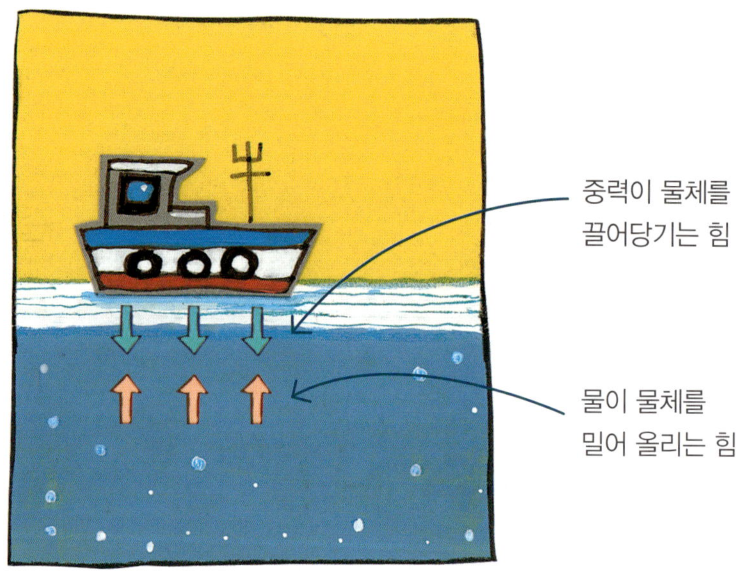

부력은 언제 커질까?

부력은 물체의 바닥 면이 넓을수록,
물체가 물보다 가벼울수록 커져요.

고무찰흙

고무찰흙을 작게 뭉쳐 물에 띄우면 그대로 가라앉아요. 하지만 넓게 쫙 펴서 물에 띄우면 부력이 커져서 둥둥 뜨지요.

페트병

빈 페트병을 물에 띄우면 그대로 둥둥 떠 있어요. 페트병에 든 공기가 물보다 가볍기 때문이에요. 하지만 페트병 안에 물을 가득 채워서 물에 띄우면, 페트병이 무거워서 그대로 가라앉지요.

잠수함

물에 뜰 수도 있고 가라앉을 수도 있어요. 잠수함 탱크에 물을 가득 채우면 무거워서 물속으로 가라앉아요. 반대로 물을 빼고 공기를 채우면 물 위로 떠오르지요.

물보다 가벼울까, 무거울까?

물과 식용유, 꿀은 무게에 따라 각각 층이 생겨요.
이것을 간단하고 재미있는 실험으로 확인해 보세요.

준비해요

물감을 푼 물

뚜껑이 있는 유리병

식용유

꿀

이렇게 해요

1

유리병과 물감을 푼 물, 식용유, 꿀을 준비해요.

2

병에 꿀, 물감을 푼 물, 식용유를 넣은 뒤 뚜껑을 닫고 가만히 두어요.

유리병 안에 각각 층이 생겼나요?

유리병을 가만히 세워 두면 식용유는 물 위에, 꿀은 물 아래에 각각 층을 이루어요. 물보다 무게가 무거운 꿀은 물 아래에, 무게가 가벼운 식용유는 물 위에 뜨는 거예요. 이렇게 물과 식용유, 꿀이 나뉜 병 속에 코르크 마개, 플라스틱 블록, 포도알, 유리구슬을 떨어뜨려 보세요. 재미있는 모습을 관찰할 수 있어요.

신나는 과학놀이

문제 물체의 바닥 면이 넓을수록 물에 잘 떠요. 고무찰흙을 어떤 모양으로 빚어야 물에 잘 뜰까요? 다음 그림 중 골라 보세요.

①

②

③

④

정답은? ① ② ③ ④

문제 물체의 무게가 가벼울수록 물에 잘 떠요. 여기 음료수가 든 페트병이 있어요. 어떤 페트병이 물에 잘 뜰까요? 다음 그림 중 골라 보세요.

①

②
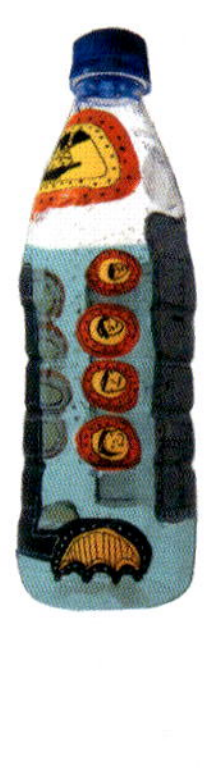

③
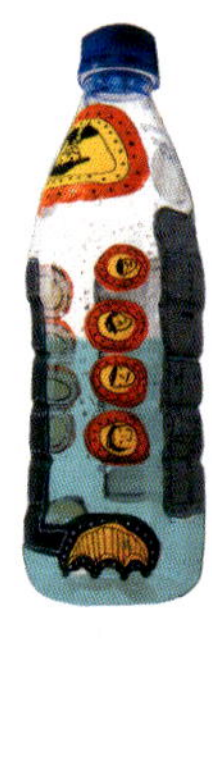

④

정답은? ① ② ③ ④

정답: 1, 4